W0076585

VERONIKA SCHUBERT

Gärtnern im Wandel

WIE DER GARTEN KLIMAFEST WIRD

Inhalt

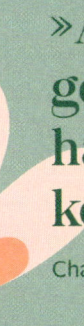

»Alles, was gegen die Natur ist, hat auf die Dauer keinen Bestand!«

Charles Darwin

Der Garten ist im Wandel. Das war er grundsätzlich immer schon. In unseren Breiten etwa lebt der Garten von nichts anderem so sehr wie vom Wandel im Laufe der Jahreszeiten, vom hoffnungsfrohen Frühling über den genussreichen Sommer bis hin zum goldenen Herbst. Die Pflanzen darin wandeln sich im Zyklus ihres Lebens. Aus dem Samenkorn wächst ein Baum, der schließlich wieder Samen bildet, die den Reigen von Neuem beginnen. Manche Gewächse werden verdrängt, andere breiten sich aus, weil ihnen der Standort besonders behagt. Es ist ein Kommen und Gehen, eine stete Veränderung, bei der die Natur Ton und Takt angibt.

Dem Gedeihen unserer Garten- und Kulturpflanzen steht der Wildwuchs von unberührter Natur gegenüber. Wildpflanzen keimen unbeirrt dort, wo sie es für gut befinden, und überraschen manchmal mit zauberhaften Blüten.

Einige von ihnen neigen dazu, sich so stark zu vermehren, dass sie den Garten durchwandern und erobern. Diesen Wandel kann man zulassen oder einschränken. Daraus ist auch ein neuer Trend zu gärtnern entstanden, der voraussetzt, sich auf die Natur im Garten einzulassen.

Der Klimawandel ist ein gänzlich neuer Aspekt, der uns Gärtnerinnen und Gärtner vor neue Herausforderungen stellt. Aber auch diese Veränderung – das sei vorweggesagt – heißt nicht unbedingt Verschlechterung. Das Schöne im Laufe eines Gartenlebens ist es doch, zu suchen, zu probieren und aus Erkenntnissen zu lernen und zu verändern. Misserfolge gehören genauso dazu wie Erfolge. Wer dem Prinzip »Die richtige Pflanze am richtigen Standort« und dem Gärtnern im Kreislauf der Natur treu bleibt, wird auch in Zukunft weiterhin gute Ernte einfahren und seine üppige Blütenpracht genießen können.

Ein paar Gartenfakten, die der Klimawandel mit sich bringt, werden wir berücksichtigen müssen. Dazu zählen längere Trockenperioden und Starkregenereignisse genauso wie eine längere Vegetationsperiode und mildere Winter. Damit umzugehen, ist Inhalt dieses Buches. Kurz und prägnant bietet es Lösungen und Pflanzenempfehlungen für den Garten der Zukunft.

Gärtnern für den Klimaschutz

**Dem Klimawandel
gegenüber steht
der Klimaschutz.**

Jeder, der gerne gärtnert,
egal ob im eigenen Garten
oder auf dem Balkon, ist eine
Klimaschützerin, ein Klima-
schützer:
Wer fürs Klima etwas Gutes
tun will, der lege einen Garten
an, denn alle Bäume, Sträucher und Stauden verarbei-
ten Kohlendioxid (CO_2) und
produzieren Sauerstoff!
Gleichzeitig verbessern sie
das Kleinklima: Wenn es im
Sommer sehr heiß ist, weiß
man das grüne Dach der
Gehölze zu schätzen.

Klimaschutz beginnt im Kleinen, auch im Garten – und der kleinste Garten ist tatsächlich ein Blumentopf. Man darf sich also zu Recht ein Stück grüner fühlen, wenn man gärtnert. Jedes noch so kleine Stückchen Grün, jede Pflanze hilft, Kohlendioxid abzubauen.

Gärtnern für den Klimaschutz

Wie Pflanzen das Klima positiv beeinflussen

Wir wissen es seit unserer Kindheit und lieben Pflanzen auch deshalb so sehr: Sie produzieren den für uns lebensnotwendigen Sauerstoff. Dass dies aber noch dazu durch Umwandlung von Kohlendioxid beziehungsweise Kohlenstoffdioxid (CO_2) passiert, macht die sogenannte Fotosynthese umso interessanter. Denn CO_2 ist ein Treibhausgas: Es wirkt wie das Glas eines Treibhauses und verursacht in zu großen Mengen die unerwünschte Klimaerwärmung.

Der Prozess der Fotosynthese findet in den Chloroplasten der Blätter statt, die ein Bestandteil der pflanzlichen Zelle sind und den Farbstoff Chlorophyll enthalten. Das Chlorophyll verleiht den Blättern ihre grüne Farbe. Daher auch der Name: »Chloro« stammt aus dem Griechischen und bedeutet »grün«. Chlorophyll ist in der Lage, Sonnenlicht aufzunehmen und, mithilfe von Wasser aus den Wurzeln und Kohlenstoffdioxid aus der Luft, Glucose und Sauerstoff zu bilden.

Dabei wird das Kohlenstoffdioxid durch den chemischen Vorgang der Reduktion mit Wasser und Lichtenergie aufgespalten und zu Glucose zusammengesetzt. Als »Abfallprodukt« dieser Energiegewinnung entsteht Sauerstoff, der an die Umwelt abgegeben wird.

Wie man klimafreundlich gärtnert

Der Garten an sich trägt schon einen positiven Teil zur Regulierung des Klimas bei. Noch besser wird es, wenn bei der Bewirtschaftung sämtliche Aspekte eines Naturgartens berücksichtigt werden. Nur dann lassen sich Hilfsmittel und Arbeitsmethoden, die das Klima belasten, vermeiden.

Torffreie Erde

Das Verwenden von torfhaltigen Packungserden fördert das Entwässern und den Abbau von Torf in ökologisch wertvollen Moorgebieten. Die Torfschichten bildeten sich über Jahrtausende unter sehr feuchten Bedingungen, wo abgestorbene Pflanzen unter Wasserabschluss nicht vollständig vermodern. Auf diese Weise wurden unglaubliche Mengen von Kohlenstoff dauerhaft der Atmosphäre entzogen und gebunden. Werden Moore entwässert, stirbt die typische und selten gewordene Lebewelt an der Oberfläche ab, Sauerstoff dringt in den Torf ein, und somit wird der seit Urzeiten gespeicherte Kohlenstoff in Form von CO_2 frei.

Moore können auch viel Niederschlagswasser aufnehmen, was hilft, Hochwasserspitzen abzuschwächen. Obwohl Moore nur 3 Prozent der Erdoberfläche bedecken, speichern sie rund 30 Prozent des bodengebundenen Kohlenstoffs.

Natürlicher Dünger und Pflanzenstärkung

Chemisch-synthetische Dünger und Pestizide (Schädlingsbekämpfungsmittel) verursachen in der Produktion einen CO_2-Ausstoß und können außerdem zu Umweltgiften werden.

Damit im Garten erst gar keine Schädlinge und Krankheiten aufkommen, die es zu bekämpfen gilt, und biologische Dünger-Alternativen zur Verfügung stehen, wird präventiv und nachhaltig gegärtnert. Eine gute Versorgung verhilft Pflanzen wie Tieren und Menschen zu Robustheit und guten Abwehrkräften. Vorbeugende Pflanzenstärkung mit Auszügen aus Ackerschachtelhalm und Jauchen aus Beinwell und Brennnesseln etwa sind der beste Pflanzenschutz! Sie erhöhen die Widerstandskraft von Obst-, Gemüse- und Zierpflanzen, vertreiben durch ihren Geruch Schädlinge und helfen, dass die Saat gut aufgeht. Einige wenige wie Rainfarn und Knoblauch können auch Pilzkrankheiten bekämpfen. Die regelmäßige Anwendung sorgt für eine kräftige, robuste und vitale Flora, die Frost, Hitze und Trockenheit besser übersteht. Außerdem bereichern diese Brühen das Bodenleben, das Nährstoffe für die Pflanzen verfügbar macht, und sie enthalten auch selbst Stickstoff, Phosphor, Kalium und Mineralstoffe.

Der beste und günstigste Dünger ist aber immer noch der eigene Kompost! Sämtliche Gartenabfälle werden dort wiederverwertet und zu wertvollem Humus umgesetzt (siehe Seite 35).

Die Triebe des Ackerschachtelhalms lässt man im Wasser ziehen, bevor sie zu einem pflanzenstärkenden Tee verkocht werden.

Diversität und gute Nachbarschaft

Viele unterschiedliche Pflanzenarten, bunt gemischt, sorgen dafür, dass der Boden nicht einseitig ausgelaugt wird und grundsätzlich weniger Nährstoffzufuhr braucht. Bestimmte Pflanzen sind gute Nachbarn und können einander stärken und schützen.

Das spielt vor allem im Gemüsegarten eine Rolle: Zwiebeln und Lauch halten neben Karotten gepflanzt zum Beispiel die Möhrenfliege fern. Bohnenkraut schützt vor Läusen, und Kapuzinerkresse wiederum zieht Kohlweißlings-Raupen, Blattläuse und andere Schädlinge auf sich. Auch Kohlgewächse und Sellerie helfen einander auf diese Weise. Sellerierost und die Raupen des Kohlweißlings gehören dann der Vergangenheit an. Salat wiederum hält den Befall von Erdflöhen an Radieschen in Schach.

Mischkultur ist vor allem im Gemüsegarten gefragt. Vielfalt statt Monokultur sorgt für ein gutes Miteinander und für einen gesunden Boden.

Handarbeit und Gelassenheit

Wer für alles die neuesten Geräte anschafft, leistet nirgendwo einen Beitrag zum Klimaschutz. Auch nicht im Garten. Aber wo, wenn nicht im Garten, lässt sich die etwas zeitaufwendigere Handarbeit leichter umsetzen? Hier geht es nicht um Geschwindigkeitsrekorde oder Effizienz! Im Gegenteil, es trägt sogar zur Entspannung bei, das Unkraut mit der Hand zu jäten oder das Laub zu rechen, anstatt es maschinell wegzublasen.

Gelassenheit ist unter Hobbygärtnerinnen und -gärtnern mittlerweile eine begehrte Eigenschaft geworden. Wer ein paar Wildkräuter im Rasen toleriert, wird mit Blüten belohnt und kann getrost auf eine aufwendige Rasenpflege verzichten. Wer den Blattläusen geraume Zeit zusieht, anstatt sie zu bekämpfen, wird stiller Beobachter eines Naturschauspiels: Bald kommen Marienkäfer und freuen sich über den reich gedeckten Tisch. Wer nicht zu früh wild aufkommende Pflanzen ausjätet, sorgt für Überraschungen. Manchmal siedeln sich bezaubernde Blütenstauden ganz von selbst an, wenn Wind und Vögel die Samen verbreiten.

Pflanzen, die wild aus Samen aufgehen, siedeln sich an für sie optimalen Standorten an. Die zweijährige Königskerze wurde zum Glück nicht vorschnell ausgejätet.

Wer im Sinne des Klimaschutzes gärtnert, tut dies mit der Natur und nicht gegen sie!

- Ohne Einsatz von Pestiziden, chemisch-synthetischem Dünger und ohne Torf.

- Vorbeugende Pflanzenstärkung, die richtige Pflanze am richtigen Standort, Pflanzenvielfalt und Kompostwirtschaft sind Säulen im Klimaschutz-Garten.

- Weniger ist mehr! Zulassen und Abwarten sind gärtnerische Tugenden, die einen Naturgarten erst ermöglichen.

Gärtnern unter neuen Bedingungen

Die Augen vor der Tatsache zu verschließen, dass sich das Klima ändert, bringt uns nicht weiter.

Nachdem in den vergangenen Jahren die Trocken- und Hitzeperioden unübersehbar häufiger werden und Wetterextreme wie plötzliche Starkregen oder heftige Stürme auftreten, heißt es, die Gartengestaltung neu zu überdenken. Aber auch die laufende Pflege verlangt ein verändertes Vorgehen und kann mit anderen Strategien besser bewältigt werden.

Gärtnern unter neuen Bedingungen

Was verändert sich zum Guten?

Wie so oft im Leben ist alles eine Frage der Sichtweise. Auch wenn der Klimawandel generell große Sorgen bereitet, hat die Veränderung im Garten auch gute Seiten. Dauert die Saison länger, lässt sich das Gartenjahr länger nützen. Im Gemüsegarten baut man eine Nachkultur mehr an und erntet somit länger. Auch sogenannte Wintergemüse wie Kohlgewächse und Asia-Salate wachsen in der verlängerten Herbstperiode noch gut an und stehen dann in der kalten Jahreszeit zur Verfügung.

Da die Winter milder werden, gedeihen plötzlich Pflanzen bei uns, die bisher im Winter erfroren sind. Die neue Situation verlangt allerdings ein Herantasten und Ausprobieren. Und es ist auch auf die unterschiedlichen Regionen im Land Rücksicht zu nehmen. In pannonisch geprägten Gegenden wuchsen immer schon Feigen, jetzt überwintern auch Rosmarin und Granatäpfel oder gar der Oleander. Und es gesellen sich Indianerbanane und Kaki hinzu. Wer sich mit mediterranen Gewächsen umgeben möchte, sollte sich gut beraten lassen. Hier gibt es große Sortenunterschiede. Wichtig ist es, in den ersten drei Jahren, wenn die Pflanzen noch jung sind, einen Winterschutz anzubringen. Mit etwas Laub oder in Vlies eingepackt überdauern sie verlässlicher ihre Jugendzeit.

Beim Obst sind die früh blühenden Sorten nicht mehr so spätfrostgefährdet, und es gibt mit ihnen auch frühere Erntezeiten. Wärmeliebende Gewächshauskulturen wie Melanzani und Melonen fühlen sich ab nun auch im Freien wohl und reifen aus.

Schließlich lässt sich in Hitzeperioden sogar manchen Schädlingen wie der Kirschessigfliege der Garaus machen. Ihre Männchen werden ab 28 °C steril.

Ob Kaki, Kakipflaume oder Persimone, sie alle sind frostgefährdet. Bedingt durch die milder werdenden Winter wachsen
sie nun in vielen Regionen, in denen es früher zu kalt war.

Auf durchlässigen Plätzen und Mauerkronen fühlt sich das Heiligenkraut wohl. Selbst in trockenen Sommern blüht es ausdauernd und verströmt einen aromatischen Duft.

Die richtige Pflanze am richtigen Platz

Ändern sich die klimatischen Bedingungen, wollen Pflanzen, die jahrelang gut gewachsen sind, nicht mehr so recht gedeihen. Sie verhalten sich wie wir Menschen: Haben wir ausreichend Nahrung, den richtigen Platz zum Leben und sind keinen schlechten Umwelteinflüssen ausgesetzt, bleiben wir gesund und widerstandsfähiger gegen Krankheiten aller Art. Sind wir nicht ausreichend versorgt, verhält es sich umgekehrt, und das ist auch bei den Pflanzen so. Stehen sie am falschen Standort, brauchen sie all ihre Energie, um mit der schlechten Situation zurechtzukommen. Ihnen bleibt keine Kraft mehr übrig, um sich gegen Angriffe zur Wehr zu setzen.

Im Prozess des Klimawandels werden wir häufiger Pflanzen versetzen, von manchen werden wir uns auch verabschieden müssen. Umso mehr gilt es, sich dafür zu interessieren, wie sich die Bedingungen im eigenen Garten geändert haben. An den richtigen Standort zu setzen, ist die beste Vorsorge für Pflanzen. Ein Gärtner kann seinen Schützlingen nur geben, was sie wollen, wenn er auch weiß, wie und wo sie sich wohlfühlen. Trockenheitsliebende Gewächse aus dem Gebirge oder aus südlichen Gegenden brauchen sehr sonnige Plätze und wasserdurchlässige, steinige Böden. Pflanzen, die in ihrer Heimat und in freier Natur in feuchten Schattenwäldern wachsen, gedeihen auch im Garten nicht an sonniger und trockener Stelle. Zu verstehen, was den Pflanzen nicht mehr gefällt, ist der erste Schritt. In Zukunft solche Gewächse zu setzen, die klimafit sind, der zweite. Wir nennen sie die Klimagewinner und stellen in diesem Buch empfehlenswerte Bäume, Gehölze, Blütenstauden und Kräuter vor (siehe ab Seite 66).

Neue Strategien
im Überblick

- Große Bäume dienen als Schattenspender und mildern Hitzeperioden.

- Hügel, Trockenmauern und Windschutzhecken sowie das Mulchen des Bodens verringern die Austrocknung.

- Weniger, aber dafür intensiveres Gießen und das Sammeln von Regenwasser sind effiziente Bewässerungsmethoden.

- Terrassierungen, unversiegelte Flächen und Gräben schützen bei Starkregenereignissen.

- Die richtigen Pflanzen am richtigen Standort bleiben gesünder und robuster und sind damit weniger anfällig für Krankheiten und Schädlinge.

- Statt eines Rasens nach englischem Vorbild sind Kräuterrasen und Blumenwiese, aber auch bodendeckende Bepflanzungen gefragt.

- Im Gemüsegarten nützt man die verlängerte Gartensaison und erntet bei klugem Anbau und geschickter Bewässerung ganzjährig.

- Da sich die Jahreszeiten verschieben (kurzer, aber früherer Frühling und längerer Herbst), sollten die Gartenarbeiten nicht nach dem Monatskalender, sondern nach dem Erblühen bestimmter Zeigerpflanzen erledigt werden (der Rosenschnitt etwa dann, wenn die Forsythie blüht). Im sogenannten phänologischen Kalender findet man genaue Angaben dazu.

Wie der Boden
fit bleibt

Humos und nährstoffreich, locker und feuchtigkeitsspeichernd, aber ohne Staunässe, so soll der Boden für die meisten Pflanzen beschaffen sein. Geänderte Klimabedingungen wie längere Hitze- und Trockenheitsperioden oder Starkregen machen unseren Böden zu schaffen. Ein gesundes Erdreich mit aktiven Bodenlebewesen ist aber die Basis für gesunde Pflanzen, selbst wenn diese ausgewählte und robuste Gewächse sind.

Wer den Boden den Pflanzenansprüchen entsprechend gut vorbereitet, spart sich später Ärger und Mühe. Doch nur wer seinen Boden kennt, kann ihn auch entsprechend verbessern.

Sandige Böden erkennt man daran, dass sie durch die Hand rieseln. Sie ermöglichen eine rasche Erwärmung, gute Durchlüftung und lassen sich leicht bearbeiten, Wasser und Nährstoffe sind aber kaum vorhanden. Sie sollten mit Humus (Kompost, Gründüngung) angereichert werden.

Tonhaltige Böden hingegen erwärmen sich im Frühjahr nur langsam und neigen zu stauender Nässe. Obwohl sie Nährstoffe und Wasser gut speichern, kann beides von den Pflanzen oft nicht aufgenommen werden. Die Bearbeitung gestaltet sich schwer, Quarzsand und Kompost tragen hier deutlich zur Verbesserung bei. Tonige Erde lässt sich zwischen den Fingern zu einer dünnen Wurst formen, solche mit mehr Lehmanteil nur zu einer dicken bis bröckeligen.

Lehmiger Boden ist des Gärtners und der meisten Pflanzen Glück. Sandige und tonige Teile sorgen für einen ausgeglichenen Wasser- und Nährstoffhaushalt. Eine jährliche Versorgung mit Kompost hält diesen Boden vital.

Bodenverbesserung mit Kompost

Um jene Nährstoffe, die das Pflanzenwachstum dem Boden entzieht, wieder rückzuführen, sollte im Garten der Zukunft die Kompostwirtschaft fixer Bestandteil sein. Zu Recht als »Gold des Gärtners« bezeichnet, bringt Kompost viele Vorteile: Bodenlockerung und Strukturverbesserung, langsam abbaubare und rasch verfügbare Nährstoffe, Förderung von Bodenlebewesen wie Regenwürmern und zersetzenden Mikroorganismen. Das organische Material, das im Garten anfällt, wird dem Boden wieder zugeführt und bleibt so im Kreislauf der Natur. Nichts geht verloren, alles wird wiederverwertet. Die beste Erde reift aus gut gemischtem Material, von Grasschnitt über Pflanzenteile bis zu groben Holzstücken. Krankes Laub und gekochte Küchenabfälle, insbesondere Fleischreste, dürfen aber nicht dazu. Die wichtigste Regel ist, gemischt zu schichten, damit beim Verrottungsprozess ausreichend Sauerstoff zur Verfügung steht. Je nach Ausgangsmaterial ist der Kompost nach sechs bis zwölf Monaten reif. Man erkennt fertigen Kompost an seiner dunkelbraunen Farbe, einer krümeligen Struktur und dem angenehmen Waldgeruch.

In der Regel bringt man einmal im Jahr eine Schicht Kompost auf die Beete auf, und bei Pflanzungen mischt man ihn als Startdünger in die Erde.

Alle organischen Abfälle kommen auf den Kompost und bleiben so im Kreislauf des Gartens. Reife Komposterde enthält reichlich Nährstoffe und verfügt über die optimale Struktur.

Bodenpflege durch Gründüngung

Der Boden kann auch mit sogenannter Gründüngung verbessert werden: Denn es gibt Pflanzen, die den Boden lockern, mit Nährstoffen anreichern und sogar Schädlinge vertreiben. Wählt man dabei die blühenden Arten, so lässt sich Nützlichkeit mit Schönheit verbinden.

Gesät wird überall dort, wo ein Beet abgeerntet wurde oder Bauarbeiten vonstattengingen, der Boden also extrem verdichtet ist. Die Aussaat kann aber auch bewusst in die klassische Fruchtfolge eingeplant werden: Nach drei Jahren wird dem Beet eine Erholungspause mit Gründüngungspflanzen gegönnt. Sät man Lupine, Luzerne, Phacelia und Ackerbohne, bilden sie tiefe Wurzeln und lockern das Erdreich. Alle Schmetterlingsblütler sind in der Lage, Stickstoff zu binden. Zu ihnen zählen Inkarnatklee und Perserklee, aber auch Lupine und Ackerbohne. Nach dem Winter schneidet (mäht) man die Gründüngung, sie bleibt als schützende Mulchschicht liegen. Nach etwa drei Wochen werden die Überreste in den Boden eingearbeitet.

Der rot blühende Inkarnatklee reichert den Boden mit Stickstoff an. Der lila Bienenfreund hingegen mildert Überdüngung und lockert den Boden mit seinen langen Wurzeln.

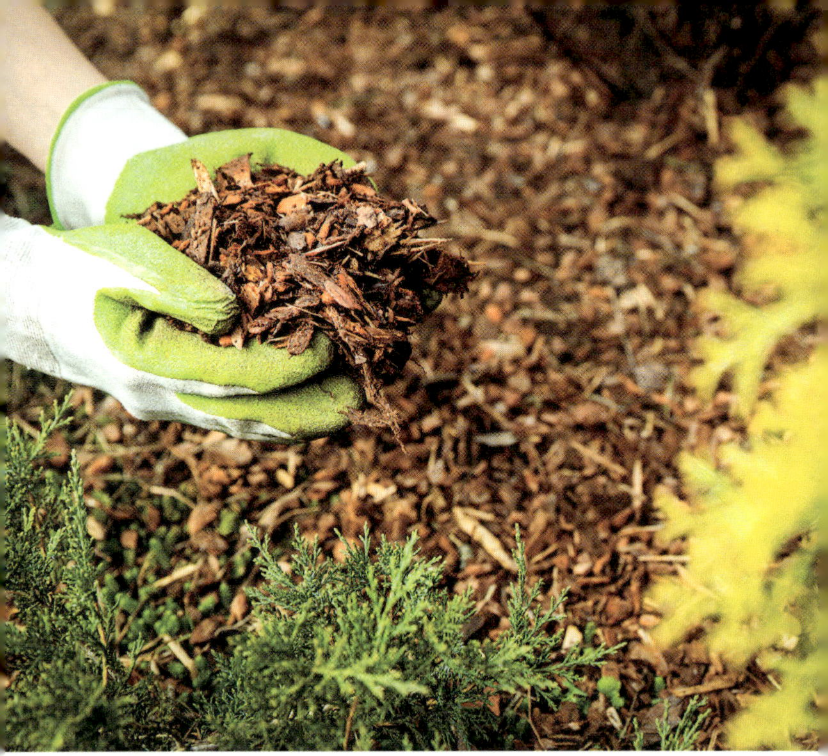

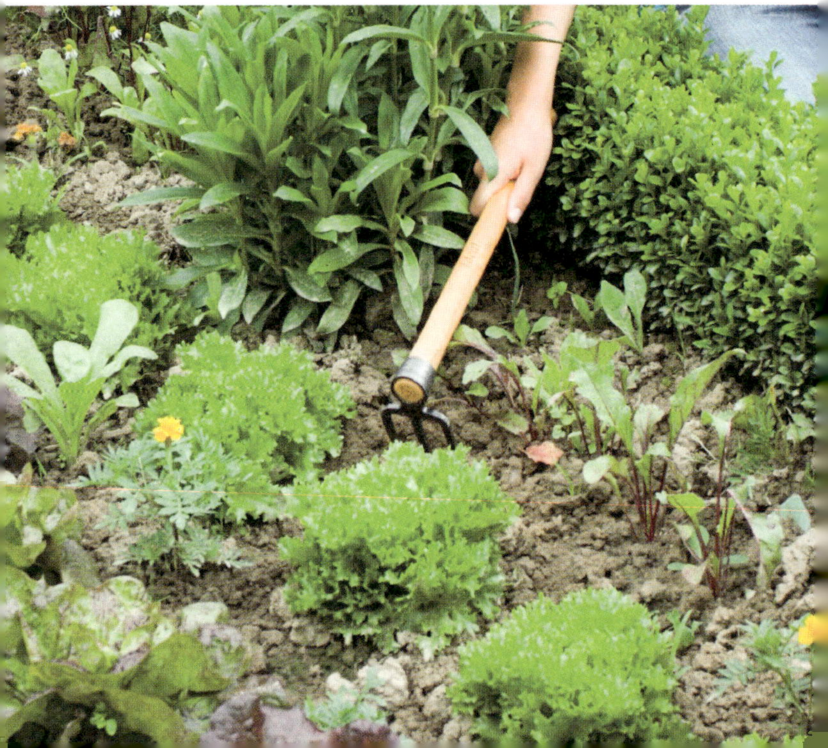

Mulchen und Harken: Das Gebot der Stunde

In der Natur ist die Erdoberfläche niemals unbedeckt. Selbst nach einem Brand beginnen Pionierpflanzen den Boden rasch wieder zu erobern. Das hat seinen guten Grund: Nur durch den Schutz des Bodens können die Bodenlebewesen erhalten bleiben. Bei brachliegenden Beeten würde die Erde, vor allem in der obersten Bodenschicht, rasch austrocknen, worunter Mikroorganismen und Kleintiere leiden. Eine **Mulchschicht** aus Grasschnitt, Gründüngung, Rindenmulch, Laub und Holzhäcksel bewahrt die Bodenoberfläche vor dem Austrocknen. Ist diese Erdschicht intakt, speichert sie Nährstoffe und Feuchtigkeit optimal. Die Mulchschicht verhindert zudem das Aufkommen von Unkräutern, die dem Boden wiederum Wasser entziehen würden. Rindenmulch eignet sich nur bedingt als Mulchschicht, da er durch seinen Säuregehalt das Wachstum krautiger Pflanzen eindämmt. Unter Bäumen und Sträuchern aber hat er sich bewährt.

Neben dem Mulchen ist auch das **Harken** des Bodens eine schützende Maßnahme. Wird der Boden länger nicht bearbeitet, begünstigt die Kapillarwirkung, dass Wasser aus tieferen Schichten an die Oberfläche gelangt und dem Boden entweicht. Durch Harken kann also nicht nur Unkraut entfernt werden, sondern man kann auch Wasser sparen und somit in heißen Monaten Trockenperioden leichter überstehen.

Rindenmulch eignet sich als Mulchschicht unter Gehölzen, nicht aber im Gemüse- oder Blumenbeet. Gegen das Austrocknen des Bodens schützt auch stetes Harken.

Gut über
den Winter

Zunächst stellt sich die Frage: Warum soll man überhaupt die Frosthärte von Pflanzen steigern, jetzt, wo doch die Winter milder werden? Wegen des Klimawandels lassen sich **mediterrane Pflanzen** hierzulande mittlerweile gut kultivieren. Sie gehören sogar zu den Klimagewinnern, weil sie sich, bedingt durch die trockenen, heißen Sommer in ihrer Heimat, an solche Anforderungen angepasst haben. Einzig die Winter bei uns, auch wenn diese milder geworden sind, könnten ihnen zum Verhängnis werden, wenn es in den kalten Monaten zur tödlichen Staunässe kommt. Ein **dränagierter Bodenaufbau** aber bewirkt einen guten Wasserabzug und verhindert dies.

Mediterrane Ecken im Garten sind ein schöner Gestaltungsaspekt und vermitteln Urlaubsstimmung. Wärmesummen und Sonnenscheindauer haben sich derart gesteigert, dass früher blühfaule Gehölze aus dem Süden wie Granatapfel oder Lagerströmie nun überreich blühen. Damit sich Mittelmeerpflanzen bei uns aber wirklich wohlfühlen, benötigen sie mineralisches durchlässiges Substrat. Ist der Boden mit Wasser gesättigt und folgen Wechselfröste oder sehr tiefe Temperaturen, können die Pflanzen auch in milden Wintern eingehen. Im Mittelmeerraum wachsen Pinien, Zypressen und Zedern fast auf purem Stein im Karst. Sogar Feigenbäume entwickeln sich und fruchten im sehr steinigen Boden besser, und die meisten mediterranen Gehölze haben dann auch eine verbesserte Winterhärte. Am besten bringt man mindestens 40 cm Schotter, Kies oder Bruchgestein, mit nur ganz geringen Anteilen sandiger Erde vermischt, ein. Es kann auch im Boden darunter bis zu einem Meter tief Bauschutt und Ziegel enthalten sein, was nach manchen Baumaßnahmen sowieso der Fall ist.

Für Kräuter und Blütenstauden gilt das gleiche Prinzip. Wenn man auch hier tiefgründig Schotter und Kies mit maximal 10 Prozent Kompost aufträgt, lässt sich Staunässe verhindern, die Winterhärte steigern und man kann mediterrane Gewächse wie Thymian, Oregano, Lavendel und in milden Lagen auch Rosmarin kultivieren. Gut passen übrigens dauerhaft blühende Pflanzen aus Mexiko wie verschiedene Salbeiarten (*Salvia greggii*, *Salvia microphylla*, *Salvia x jamensis*), Bartfaden (*Penstemon sp.*), Prachtkerzen (*Gaura lindheimeri*) oder Duftnesseln (*Agastache sp.*) dazu.

Auch bei der Umgestaltung eines bestehenden Beetes in ein Kiesbeet muss zuerst der Oberboden mit Sand, Splitt oder Schotter abgemagert werden, damit er durchlässiger wird. Nach der Bepflanzung wird die gesamte Fläche mit gewaschenem Kies ohne Feinanteil etwa 5 bis 10 cm dick abgedeckt. Schön ist es, größere Solitärsteine zu setzen und bei der Abdeckung mit verschiedenen Kiesgrößen zu arbeiten, sodass unterschiedliche Flächen ineinanderlaufen. Das wirkt natürlicher.

Um die Winterhärte mediterraner Pflanzen wie Lavendel oder Rosmarin zu steigern, arbeitet man in den Boden Schotter, Kies und Bruchgestein ein.

Der Rasen der Zukunft

Dass ein Zierrasen nach englischem Vorbild eine kontinuierliche Bewässerung und auch Pflege wie Düngen und Vertikutieren braucht, lässt sich nicht ändern. Aber etwas robuster in Bezug auf regenarme Sommerperioden können die Grashalme schon werden. Nämlich dann, wenn man sie entsprechend erzieht und nicht häufig und nur wenig, sondern seltener und durchdringender wässert.

Allerdings kommt es in den vergangenen Jahren zunehmend zu so langen Trockenperioden, dass auch ein »gut erzogener« Rasen braun wird und die Gräser vertrocknen. Meist erholt sich der Rasen in der nächsten Regenperiode wieder, und es ist nur eine Frage der Gelassenheit, die dürre Zeit zu überdauern. Durchschnittlich braucht der Zierrasen aber 20 Liter pro Quadratmeter und Woche, und das sollte man einkalkulieren.

Für »sportliche Rasenfreunde« heißt es also in Zeiten wie diesen, eine Bewässerung zu installieren. Aber das kostet nicht nur in der Anschaffung, sondern treibt auch die laufenden Wasserkosten ordentlich in die Höhe. Schon bei der Neuanlage eines Rasens können klimafittere Voraussetzungen geschaffen werden: Billig-Saatgutmischungen sind zu meiden! Sie enthalten oft Futtergräser und Ammengräser, die schnell, aber nicht dicht wachsen. Nach spätestens drei Jahren entstehen bei einer solchen Saatmischung im Rasen Lücken. Nachträgliches Sanden, Vertikutieren und Düngen hilft nicht, denn die dicht wachsenden, horstbildenden Gräser fehlen schlichtweg. Die Vorbereitung des Bodens vor der Aussaat ist, auch wenn es »nur« um Rasensaat geht, eine wichtige Voraussetzung. Eine humus- und nährstoffreiche Erdschicht bietet den Samenkörnern einen guten Start.

Alternativen zum klassischen Rasen sind der Kräuterrasen, betretbare Bodendecker-Pflanzen und die Blumenwiese, eventuell in Inseln angelegt.

Unter einem **Kräuterrasen** versteht man einen kurz geschnittenen Rasen, der Wildkräuter wie Löwenzahn, Gänseblümchen, Klee, Veilchen, Lerchensporn und Ehrenpreis enthält. Diese werden einfach mitgemäht oder, wenn sie besonders schön blühen, beim Rasenschnitt umrundet und stehen gelassen. Ein Kräuterrasen ist weniger pflegeintensiv, braucht beziehungsweise wünscht sogar weniger Dünger und bleibt auch in Hitzeperioden robuster.

Bodendeckerpflanzen wie Stachelnüsschen, Thymian oder Römische Kamille werden hingegen gar nicht gemäht und sehen auch nicht aus wie ein Rasen. Sie sind betretbar, aber nicht in dem Ausmaß wie ein Rasen. Wachsen sie da und dort zwischen in Sand verlegten Steinplatten, so lässt sich ein schönes Gestaltungselement im Garten anlegen.

Auch die **Blumenwiese** bringt im Gegensatz zum Rasen Leben zwischen Staudenrabatten, Hecken, Bäume und Sträucher. Der geringe Pflegeaufwand spricht für sich: Eine Blumenwiese wird nicht gedüngt und nur ein- bis zweimal im Jahr gemäht. Ausgenommen sind Pfade, die sich durch die hohen Halme schlängeln und kurz gehalten werden. Gut eignen sich für Blumenwiesen sonnige, ebene Flächen, die nicht betreten werden müssen.

Der Kräuterrasen mit Gänseblümchen, Klee und Löwenzahn überdauert Trockenperioden wesentlich besser als der klassische Rasen nach englischem Vorbild.

Erfolgreiche Gemüseernte

Gemüse heranzuziehen wird künftig die größte Herausforderung. Das liegt vor allem daran, dass nahezu alle Gemüsearten eine kontinuierliche Bewässerung brauchen. Denn die zunehmende Trockenheit ist hier das Thema Nummer eins. Entweder man entscheidet sich für ein Bewässerungssystem, oder man organisiert bei Abwesenheit gießende Helferlein. Ein komposthaltiger, gut gemulchter Boden ist die beste Voraussetzung, Feuchtigkeit zu speichern. Mulchen wirkt zudem einer Verschlämmung durch Starkregen entgegen – das zweite Problem, das es im Gemüsegarten zu meistern gilt. Vor allem frisch gesetzte Jungpflanzen kann es ohne Mulchschicht leichter aus dem Boden schwemmen.

Bei Salat und anderem Gemüse gibt es zwar mittlerweile Sortenzüchtungen, die mehr Hitze aushalten, doch auch sie überdauern keine zu lange anhaltenden Trockenperioden. Schossfesten Salat oder mehr Schnitt- und Pflücksalat anzubauen, lohnt sich aber auf jeden Fall.

Bei den »Blumen« unter den Gemüsen wird man sich künftig entscheiden: Da Karfiol bei Hitze keine Rosen bildet, pflanzt man besser Brokkoli, der immer wieder aus den Blattachseln nachwächst.

Ein echter Klimagewinner ist die Süßkartoffel, sie profitiert von heißen Sommern, ist jedoch auch kälteempfindlich. Am besten pflanzt man sie erst ab Juni, damit sie keinen kühlen Nächten ausgesetzt wird.

Um der Sommerhitze zu entgehen, können bei Wurzel- und Kohlgemüse mehr Frühsorten angebaut werden, oder man setzt erst wieder gegen Ende des Sommers und erntet dafür auch im Winter weiter.

Kann man im Sommer die Bewässerung sicherstellen, dann lässt sich zur Vor-, Haupt- und Nachkultur noch eine vierte Zwischenkultur einschieben, weil die

Gartensaison früher beginnt und später endet. Das Gartenjahr hat sich um rund ein Drittel verlängert. Blatt-, Kohl- und Wurzelgemüse wie Radicchio, Zuckerhut, Chinakohl, Pak Choi und Senfkohl sind geeignete Kulturen für einen späten Anbau ab September und können dann bis Dezember geerntet werden. Sicherheitshalber hält man ein Schutzvlies bereit, sollten sich doch Fröste ankündigen.

Und zu guter Letzt baut man auch Feldsalat, Spinat und Grünkohl an, da sie zu den sogenannten **Wintergemüsen** zählen und bis ins Frühjahr geerntet werden können. Eine Gemüseernte rund ums Jahr ist damit möglich geworden!

Auch im Gemüsebeet ändert sich manches: Brokkoli wächst aus den Blattachseln und eignet sich besser als Karfiol, da dieser bei Hitze keine Rosen bildet.

Wasser:
Wertvolles Gut

Das Klima verändert sich, und Wasser zu sparen wird damit mehr denn je zum »heißen« Gartenthema. Ohne Wasser kein Leben, für uns nicht und auch nicht für unsere Pflanzen. Ein kluges Wassermanagement wird Gärtnerinnen und Gärtner in Zukunft immer mehr beschäftigen, auch wenn wir Gestaltungen und Pflanzenauswahl dem Klimawandel anpassen. In den längeren Trockenperioden bleibt das Wasser aus, um unsere Gärten dann fallweise als Starkregen regelrecht zu überschwemmen. Das bedeutet, dass wir tunlichst jeden Tropfen in verschiedenen Behältnissen speichern müssen, angefangen mit der guten alten Regentonne bis hin zu Zisternen und Brunnen. Regenwasser verfügt über den idealen Härtegrad, meisten nahe null, und ist daher kalkfrei und besser geeignet für Pflanzen. Für intensivere Kulturen wie Rasen und Gemüse sollte man sich eine dauerhafte Bewässerung überlegen. Terrassierte Hänge bremsen ablaufendes Wasser bei Starkregen, trocken verlegte und damit nicht versiegelte Flächen sorgen für den nötigen Wasserabzug. Das Wasser kann gut versickern.

Warnsignale durstiger Pflanzen

Das Gute ist, dass Pflanzen meist deutliche Warnsignale zeigen, bevor sie tatsächlich vertrocknen. Durstige Pflanzen rollen ihre Blattränder hoch oder lassen die Blätter hängen, wodurch die Sonnenstrahlen wenig Angriffsfläche haben. Verliert ein krautiges Gewächs die Spannung, dann ist es allerhöchste Zeit. Aber Vorsicht ist hier bei Topfpflanzen geboten. Sie zeigen ein Zuviel an Wasser genauso an wie ein Zuwenig, da die Pflanze bei verfaulten Wurzeln durch Staunässe genauso reagiert.

Auch Grashalme zeigen uns an, ob sie durstig sind. Richten sie sich nach Betreten des Rasens nicht innerhalb von 20 Minuten auf, ist eine Bewässerung angezeigt. Bei akutem Wassermangel ändert sich die Farbe von zunächst Dunkelgrün auf Bläulich, danach kringeln sich die Halme ein und bekommen braune Spitzen. Jetzt muss dringend bewässert werden.

Mit einer Regentonne hat man das Wasser bei der Hand, wenn Pflanzen alles hängen lassen und rasch versorgt werden müssen. Regenwasser ist zudem weich, es verfügt über den richtigen Härtegrad.

Erste Hilfe
bei Trockenheit

⬤ Als Erste-Hilfe-Maßnahme bei sehr trockenen Topfpflanzen taucht man diese so lange in einen mit Wasser
befüllten Topf, bis keine Luftblasen mehr aufsteigen.

⬤ Vertrocknete Zweige können dabei ausgeschnitten
werden.

⬤ Nach Trockenstress sollten die Pflanzen wieder ihren
Ansprüchen gemäß weitergegossen werden.

⬤ Ein Zuviel schadet, denn es lässt sich leider nicht auf
Vorrat gießen.

Himmelszeichen deuten

Um Wasser zu sparen, sollte man nicht vorschnell gießen. Wie aber kündigt sich der erlösende Regen an? Es gibt Anzeichen für einen bevorstehenden Niederschlag, die schon unsere Großeltern zu deuten wussten. Ist etwa ein Hof um Sonne und Mond zu sehen oder schimmert die Dämmerung weiß oder gelblich, so wird das von einer feuchten Atmosphäre in der Luft hervorgerufen. Bald trübt sich der Himmel ein, und regnerisches Wetter steht bevor. Das Abendrot am wolkenlosen Himmel hingegen ist ein Schönwetterbote. Zeigt sich der blaue Himmel richtig dunkelblau und lässt eine gute Fernsicht zu, dann kann von einer labilen Wetterlage ausgegangen werden. Regen und auch ein plötzlicher Sturm sind jederzeit möglich. Ist der Himmel hellblau, bleibt es beständig schön. Klappt der Klee seine Blätter zusammen und lässt die Blütenköpfe hängen, so will er uns eine Unwetterwarnung mitteilen. Auch hektische Ameisen lassen auf einen bevorstehenden Niederschlag schließen. Anders verhalten sich Spinnen: Sie weben ihre Netze nur, wenn es trocken bleibt. Mit Geräten messbare und verlässliche Wetterparameter sind Luftdruck, Luftfeuchtigkeit, Wind und Temperatur, und der Wetterbericht der Zentralanstalt für Meteorologie und Geodynamik ist natürlich auch immer eine Option.

Manchmal hat man das Gefühl, den bevorstehenden Regen riechen zu können. Ein Hof um Sonne und Mond jedenfalls entsteht durch eine feuchte Atmosphäre.

Nur in den Morgen- und Abendstunden darf man die Blätter beim Gießen benetzen. In der Mittagssonne wirken die Wassertropfen wie Brenngläser.

Richtig gießen

Pflanzen, die selbst keine tiefen Wurzeln bilden, lassen sich durch eine bewusste Vorgangsweise dazu anregen. Direkt ins Beet gesäte Gewächse entwickeln zum Beispiel längere Wurzeln als gepflanzte. Wichtig ist vor allem eine richtige Gießstrategie: Die Schützlinge sollten in jungen Jahren weniger gegossen werden. Sie reagieren darauf, indem sie ihre unterirdischen Organe ausstrecken, um an Wasser zu gelangen. Wird öfter gegossen, wachsen vor allem Feinwurzeln an der Oberfläche. Da aber nur über die Feinwurzeln Wasser aufgenommen wird, haben die verwöhnten Pflanzen bei Trockenheit keine Chance zu überleben. Denn ausgerechnet knapp unter der Erde, wo die Feuchtigkeit rasch verdunstet, befinden sich nun die Wurzeln.

Auch Bäume lassen sich im Wurzelbereich besser feucht halten, wenn auf die Wurzelsysteme Rücksicht genommen wird. Der Gartenschlauch sollte nicht knapp zum Baumstamm, sondern in den äußeren Kronenbereich gelegt werden, denn dort befinden sich die meisten Feinwurzeln unter der Erde. Das Wasser sollte nur leicht, dafür einige Stunden lang rinnen.

Damit die Feuchtigkeit tief eindringen kann, gilt die Faustregel: 20 Liter auf einen Quadratmeter Boden. Für diese Menge bekommt man ein Gefühl, wenn ein 10-Liter-Kübel mit dem Gartenschlauch befüllt und dabei die Zeit gestoppt wird. Der Wasserbedarf ist aber natürlich unterschiedlich, es gibt wahre Trockenheitskünstler wie mediterrane Pflanzen oder dickfleischige wie die Fetthenne, die Wasser speichern können. Zusätzlich kommt es noch auf das Entwicklungsstadium der jeweiligen Pflanze an. Zum Zeitpunkt der Knospen- und Fruchtausbildung ist der

Wasserbedarf erhöht. Bei Fruchtgemüse wie Tomaten verhindert eine konstante Bodenfeuchte rissige Früchte, bei Gurken bitteren Geschmack. Topfpflanzen bilden sowieso eine Ausnahme, da sie durch ihren begrenzten Wurzelraum nicht so viel Wasser auf einmal aufnehmen können und daher öfter gegossen werden müssen. Hitzeperioden können Topfpflanzen unter Bäumen im Schatten besser überdauern.

Gegossen wird im Garten immer in den Morgen- und Abendstunden, da in der Mittagshitze zu viel Wasser direkt von der Oberfläche verdunstet. Am besten ist es, in den Morgenstunden zu gießen, denn das abendliche Wässern lockt Schnecken an. Dabei dürfen die Blätter nicht benetzt werden – es wird von unten gegossen. Wassertropfen wirken in der Sommersonne auf den Blättern wie ein Brennglas. Feuchte Pflanzenteile begünstigen zudem Pilzerkrankungen.

Tiefwurzler haben einen klaren Vorteil

Leichter bei Trockenheit haben es Pflanzen, die lange Wurzeln bilden und in tiefere Bodenschichten vordringen können. So findet etwa der Blut-Storchschnabel auch in regenarmen Perioden noch ausreichend Wasser vor. Der Pracht-Storchschnabel bildet derart starke Ausläufer, dass er sogar in der Lage ist, Giersch zu verdrängen. Auch bei Gemüse gibt es Tiefwurzler. Pastinaken, Spargel und Paradeiser wachsen bis in mehr als einen Meter tiefe Bodenschichten. Bei den Sträuchern sind es Weißdorn, Wacholder oder Rosen, die mit ihrem langen Wurzelgeflecht das Erdreich weitreichend erschließen, und die Wurzeln von Bäumen wie Kiefern oder Tannen können sogar bis zu 30 Meter tief in den Boden reichen.

Pastinaken zählen wie Spargel und Tomaten zu den Tiefwurzlern. Sie können Wasser aus tiefen Bodenschichten holen.

Bewässerungstricks

In die Erde eingesenkte Tontöpfe ermöglichen ein zielgenaues Gießen zur jeweiligen Beetpflanze. Ton ist porös und gibt das Wasser nur dann an den Boden ab, wenn er trocken ist. Eine besondere Ausführung sind hier die sogenannten Ollas. Dazu werden zwei Tontöpfe an den Rändern mit wasserfestem Klebstoff aufeinander geklebt, das untere Wasserabzugsloch wird mit einer Tonscherbe zugeklebt und somit verschlossen und das behälterartige Topfgebilde im Boden vergraben. Über das obere Abzugsloch wird nachgegossen, ein Tonuntersetzer kann als Deckel dienen, damit weder Erde noch Tiere in das Loch gelangen. Mit einem trockenen Holzstäbchen lässt sich jederzeit der Wasserstand feststellen.

Aber auch **Erdmulden und -rinnen**, um die durstigen Pflanzen gegraben, helfen Wasser zu sammeln und lassen es an den richtigen Stellen etwas langsamer versickern.

Umtopfen gilt als einfachste Maßnahme, denn frische Blumenerde speichert wesentlich mehr Wasser als ausgelaugte alte.

Schwammstücke können Wasserspeicher für Topfpflanzen sein, die man (etwa eine Handvoll) beim Einpflanzen dem Substrat beimischt.

Ein selbst gemachtes Bewässerungssystem lässt sich aufbauen, indem man die Topfpflanzen erhöht in oder neben einer Wanne mit Wasser aufstellt und diese dann mit **Baumwolldochten** verbindet. Das funktioniert aber nur, wenn die Töpfe noch nicht zu stark durchwurzelt sind. Solche Systeme gibt es auch zu kaufen, sie sind dann etwas komfortabler ausgeführt und man steckt **Tonkegel** in die Erde, die mit Schläuchen verbunden sind und ins Wasser reichen.

Ob Tonkegel, verkehrt in den Boden gesteckte Flaschen oder vom Glasbläser kunstvoll angefertigte Bewässerungskugeln, es gibt einfache Methoden, Topfpflanzen feucht zu halten.

Klima-
gewinner
im Porträt

Die richtige Pflanze am richtigen Standort:

Ganz nach diesem Prinzip haben es bei anhaltenden Trockenperioden jene Gehölze und Gartenstauden leichter, die auch an ihrem Naturstandort mit wenig Wasser zurechtkommen. Im Idealfall stecken sie auch noch ein Starkregenereignis gut weg.

Auf den folgenden Seiten
stellen wir 5 Bäume, 5 Sträucher, 5 Blütenstauden und
5 Kräuter vor, die sich als Klimagewinner bewährt haben.
Natürlich gibt es noch weitere –
alle zu behandeln würde den
Umfang dieses Buches allerdings sprengen.

Klima-
gewinner
im Porträt

Blasenbaum/ Blasenesche

Koelreuteria paniculata

Familie: Seifenbaumgewächse (*Sapindaceae*)

Wuchs: 6 bis 8 m, langsamwüchsiger Baum, breite Krone

Standort: Sonne, Einzelstellung, durchlässiger, frischer, eher trockener Gartenboden

Besonderheiten: späte, auffallende Blüte, sehr dekorative Früchte, große farnähnliche Blätter, attraktive gelb-orangefarbene bis rote Herbstfärbung

Tipps: Jungbäume sollten in den ersten Jahren im Winter mit Mulch und Vlies vor Frost geschützt werden. Die getrockneten Kapselfrüchte lassen sich als Rassel verwenden, da die gelösten Samen darin bei Bewegung ein rasselndes Geräusch erzeugen.

Blumenesche/ Mannaesche

Fraxinus ornus

Familie: Ölbaumgewächse (*Oleaceae*)

Wuchs: 6 bis 15 m, Einzelstellung, runde, kugelförmige Baumkrone

Standort: Sonne bis Halbschatten, kalkliebend, steinig-sandige, humose, aber nur mäßig nährstoffhaltige Böden

Besonderheiten: auffallende cremeweiße, leicht duftende Blütenrispen im Frühjahr, die von Weitem aussehen, als hätte man kleine Blumensträuße in den Baum gehängt

Tipps: Die Blumenesche ist mit ihrer leuchtend gelb- bis bronzefarbenen Herbstfärbung eine Attraktion. Sie ist sehr standfest, verträgt trockene Böden gut und eignet sich daher zur Böschungsbefestigung.

Felsenahorn

Acer monspessulanum

Familie: Seifenbaumgewächse (*Sapindaceae*)

Wuchs: 3 bis 10 m, sieht dem Feldahorn ähnlich

Standort: Sonne, kalkhaltige, trockene und felsige Böden

Besonderheiten: bei Bienen begehrte Früh-jahrsblüte, wunderschöne Herbstfärbung in tiefstem Gelb mit knalligen orangefarbenen Tönen

Tipps: Bei Hitzewellen kann das Laub am Stiel komplett vertrocknen und abfallen. Dies macht dem Felsenhorn jedoch nichts aus. Er treibt da-nach einfach wieder neu aus und hat sich auch als Stadtbaum der Zukunft bewährt. Mit seinen flachen Wurzeln eignet er sich zum Befestigen von trockenen und sonnigen Böschungen, daher auch der Name »Felsenahorn«.

Hopfenbuche

Ostrya carpinifolia

Familie: Birkengewächse (*Betulaceae*)

Wuchs: 10 bis 15 m, anfangs kegelförmige, später runde Krone

Standort: Sonne bis Halbschatten, sandige bis lehmige, humose, frische bis trockene, nährstoff- und kalkreiche Böden (Winterschutz für Jungpflanzen)

Besonderheiten: Auffällig ist die zunächst weißgraue Rinde, die sich im Alter dunkel färbt und dann von Längsfurchen durchzogen ist. Die Blüten sehen jenen der verwandten Birken ähnlich, die Früchte den weiblichen Hopfenblüten.

Tipps: Das weitreichende Wurzelsystem garantiert eine hohe Trockenheitstoleranz und macht die Hopfenbuche als Alternative zur Hainbuche zu einem Zukunftsbaum für Städte.

Lederhülsenbaum

Gleditsia triacanthos

Familie: Hülsenfrüchtler (*Fabaceae*)

Wuchs: 15 bis 20 m, langsamwüchsiger Baum, malerische Krone

Standort: Sonne, Einzelstellung, feucht, nähr-stoffreicher Boden, aber anpassungsfähig-boden-tolerant

Besonderheiten: sehr dekorative gefiederte Blätter, vor allem bei Sorten schöne Herbst-färbung

Tipps: Die Blätter der Gold-Gleditschie »Sun-burst« sind im Austrieb leuchtend gelb und wirken von der Ferne wie Blütenwolken. Diese dornenlose Sorte wirft mit ihrer lockeren Krone lichten Schatten und bleibt deutlich kleiner; mit bis zu 12 m ist sie gut für den Hausgarten geeignet.

Felsenbirne

Amelanchier ovalis, A. laevis, A. lamarckii

Familie: Rosengewächse (*Rosaceae*)

Wuchs: 3 bis 5 m hohes Gehölz, Einzelstellung oder in der Wildstrauchhecke

Standort: Sonne bis Halbschatten, normale Gartenböden

Besonderheiten: duftende weiße Blütensternchen zeitig im Frühjahr, vitaminreiche »Mini-Apfelfrüchte«, die wie Heidelbeeren aussehen und auch im Geschmack an diese erinnern (Wildobst)

Tipps: Bei der Kupfer-Felsenbirne (*A. lamarckii*) ist der Austrieb der Blätter kupferfarben, später grün, bevor sie im Herbst in den Farben Gelb, Orange und Feuerrot wie lodernde Flammen zu leuchten beginnt. Häufig bleibt der Bereich um die Blattadern dabei leicht grün gefärbt.

Mönchspfeffer

Vitex agnus-castus

Familie: Lippenblütler (*Lamiaceae*)

Wuchs: 1 bis 2 m, wächst stark in die Breite, bis zu 3 m

Standort: Sonne bis Halbschatten, lockerer, durchlässiger und frischer Gartenboden

Besonderheiten: Trägt im Spätsommer violett-blaue Blütenrispen, im Herbst rot-schwarze Früchte. Früher wurde der Mönchspfeffer hauptsächlich in Klostergärten als Heilpflanze kultiviert.

Tipps: Empfehlenswert ist der Breitblättrige Mönchspfeffer (*Vitex agnus-castus var. latifolia*) und die weiße Sorte »Alba«. Im Frühling vor dem Austrieb erfolgt der jährliche tiefe Rückschnitt. In den ersten Jahren ist der Strauch etwas frostgefährdet, später aber sehr robust.

Perückenstrauch

Cotinus coggygria

Familie: Sumachgewächse (*Anacardiaceae*)

Wuchs: 2 bis 3 m, sparrig, wächst ausladend und rasch

Standort: Sonne bis Halbschatten, sehr anpassungsfähig, ideal auf durchlässigen warmen, kalkhaltigen Böden

Besonderheiten: Perückenartige Früchte, die aus den seidig-fedrig behaarten Stielen der wenig auffallenden, unfruchtbaren Blüten entstehen. Im Herbst färben sich die Blätter leuchtend gelborange bis rot.

Tipps: Der Perückenstrauch ist ein attraktiver Solitärstrauch und verträgt einen starken Rückschnitt im Frühjahr gut. Empfehlenswert sind Sorten mit gelbem (»Golden Spirit«) und rotem Laub (»Royal Purple«).

Pfeifenstrauch

Philadelphus coronarius

Familie: Hortensiengewächse (*Hydrangeaceae*)

Wuchs: buschiger, kompakter, bis etwa 1,2 m hoher Strauch

Standort: Sonne bis Halbschatten, durchlässiger Gartenboden

Besonderheiten: Weiße bis cremefarbene Blütenrispen mit typischem Geruch. Es gibt gefüllte Sorten.

Tipps: Der Europäische Pfeifenstrauch wird auch als »Falscher Jasmin« bezeichnet. Der Geruch der Blüten wird von einem Teil der Menschen als duftend, von anderen als unangenehm wahrgenommen, er ist vor allem abends intensiv. Die Sorte »Silberregen« kennt man als Erdbeerjasmin, da ihre Blüten stark nach Erdbeeren duften.

Prachtspiere

Spiraea vanhouttei

Familie: Rosengewächse (*Rosaceae*)

Wuchs: 2 bis 3 m hoher Wildstrauch, rasch- und breitwüchsig, kräftig aufrechte Triebe, die später überhängen

Standort: Sonne bis Halbschatten, keine besonderen Bodenansprüche, Staunässe vermeiden

Besonderheiten: spektakuläre lange Rispen mit weißen Blüten von Mai bis Juni

Tipps: Die Prachtspiere gedeiht dort, wo viele andere Sträucher nicht das Auslangen finden. Sie eignet sich als gut schnittverträgliche Heckenpflanze. Kaukasus-Vergissmeinnicht und Purpurglöckchen sind schöne Unterpflanzungen. Empfehlenswert ist auch die gefüllt blühende Pflaumenblättrige Strauchspiere (*Spiraea prunifolia »Plena«*).

Brandkraut

Phlomis russeliana

Familie: Lippenblütler (*Lamiaceae*)

Wuchs: 60 bis 100 cm hoch, horstig, mit großen, wintergrünen Blättern, straff aufrechte Stiele

Standort: Sonne, trocken, lockere, nährstoffreiche Böden

Besonderheiten: Gelbe Blütenquirle in Etagen, lange haltbar und auch die Fruchtstände noch im Winter attraktiv. Es dauert aber oft ein bis zwei Jahre, bis sich über dem grünen Laubteppich Blütenstände ausbilden.

Tipps: Der Rückschnitt sollte unbedingt erst im Frühjahr erfolgen, da das wintergrüne Brandkraut in der kalten Jahreszeit ein Blickfang ist. Das Brandkraut hat einen starken Ausbreitungsdrang und vermehrt sich zudem durch Selbstaussaat. Nur neben konkurrenzstarke Nachbarn setzen!

Elfenblume

Epimedium

Familie: Berberitzengewächse (*Berberidaceae*)

Wuchs: 20 bis 30 cm, herzförmige, wintergrüne Blätter, sehr wüchsiger Bodendecker

Standort: Halbschatten bis Schatten, frisch bis feucht, Boden durchlässig, humusreich, Gehölzrand

Besonderheiten: Zarte Blüten, schönes Laub. Wie das Brandkraut behält auch die Elfenblume über den Winter ihre Blätter.

Tipps: Empfehlenswert ist die rhizombildende Sorte *Epimedium x perralchicum* »Frohnleiten« mit unzähligen traubenförmigen Blütenständen im Frühling und charakteristisch gezeichneten Blättern. Sie ist ein Gewächs für trockene Schattengärten. Ein Rückschnitt der alten Blätter noch vor der Blüte bewirkt den Austrieb von frischem Laub.

Fetthenne

Hylotelephium/Sedum

Familie: Dickblattgewächse (*Crassulaceae*)

Wuchs: 60 bis 70 cm, dickfleischige, wasser-speichernde Blätter und Stiele und daher sehr trockenheitstolerant

Standort: trockene, sandige Böden in voller Sonne, sonst knicken die Stiele ab, geeignet für Kiesbeete und Steingärten

Besonderheiten: rosa-bis rostrote Blütenstän-de ab August bis in den Spätherbst, Samen-stände auch im Winter attraktiv

Tipps: Die Sorte »Matrona« ist sehr standfest und zeichnet sich durch ihre dunklen Stiele und die grün-purpurne Blattfärbung mit dunklen Adern aus. »Herbstfreude« blüht später, braucht ebenfalls kaum Pflege und verhält sich äußerst robust.

Prachtkerze

Gaura lindheimeri/Oenothera lindheimeri

Familie: Nachtkerzengewächse (*Onagraceae*)

Wuchs: 60 bis 100 cm, buschig-aufrecht und bogig überhängende Stiele (»tanzende Blüten«)

Standort: Sonne, durchlässige, sandige, kiesige, nicht zu nährstoffreiche Böden, kalktolerant, Balkonkästen und Beete

Besonderheiten: Rosa-weiße Blüten auf filigranen Rispen, die jeweils nur für einen Tag blühen, dauerhafte neue Blütenbildung von Juli bis zum ersten Frost. Die Pflanze lässt ein Beet in Kombination mit anderen Blütenstauden wie einen Blumenstrauß wirken.

Tipps: Die Prachtkerze wird auch als Lindheimer-Nachtkerze bezeichnet. Für die Vase geschnittene Knospen öffnen sich verlässlich.

Spornblume

Centranthus ruber

Familie: Geißblattgewächse (*Caprifoliaceae*)

Wuchs: 60 bis 80 cm, aufrecht und krautig, an der Basis leicht verholzt, blaugrüne, etwas fleischige Blätter

Standort: Sonne, humus- und nährstoffarme, durchlässige Böden, kalkliebend

Besonderheiten: kaminrosa bis rote Trugdolden, Dauerblüher von April bis Oktober, sehr genügsam, Verbreitung durch Selbstaussaat

Tipps: Die Spornblume, ein Baldriangewächs aus dem Mittelmeerraum, fühlt sich auf der Mauerkrone und in Spalten von Trockensteinmauern sehr wohl und wird dort zum dauerhaften Hingucker. Empfehlenswert ist die weiße Sorte »Albus«, die rote »Coccineus« breitet sich gerne aus und kann überhandnehmen.

Lavendel

Lavandula officinalis

Familie: Lippenblütler (*Lamiaceae*)

Wuchs: 50 bis 60 cm, wintergrünes Laub, duftender Halbstrauch

Standort: Sonne, trocken, durchlässiger, sandiger, magerer, nährstoffarmer Boden, verträgt keine Staunässe

Tipps: Für einen kompakten Wuchs schneidet man den Lavendel nach der Blüte so weit zurück, dass nur noch ein paar grüne Blätter vorhanden sind (um etwa zwei Drittel der Wuchshöhe). In sehr rauen Lagen sollte man im Winter die Pflanzen mit Reisig oder Mulch schützen. Die beste Sorte ist »Hidcote Blue«.

Oregano

Origanum heracleoticum, O. vulgare

Familie: Lippenblütler (*Lamiaceae*)

Wuchs: 20 bis 50 cm, Blütenstaude

Standort: Sonne, durchlässig, mager, trocken

Tipps: Die Blätter pflückt man laufend, aber kurz vor der Blüte sind die ätherischen Öle am stärksten. Das getrocknete Kraut ist oft gehaltvoller als frisches und die griechische Art (*O. heracleoticum*) aromatischer als der heimische Wilde Oregano (*O. vulgare*). Im Frühling kann man die gut winterharten Pflanzen kräftig zurückschneiden.

Rosmarin

Salvia rosmarinus/Rosmarinus officinalis

Familie: Lippenblütler (*Lamiaceae*)

Wuchs: 50 bis 150 cm, verholzte Staude

Standort: Sonne, Boden durchlässig, mager, Erde-Sand-Gemisch, keine Staunässe

Tipps: Für einen kompakten Wuchs sollte Rosmarin regelmäßig zurückgeschnitten werden. In rauen Lagen benötigt er Winterschutz und vor allem einen dränagierten Boden. Der Kriechende Rosmarin oder Hängerosmarin (*Rosmarinus officinalis* »Prostratus«) eignet sich gut für Ampeln und Kästen.

Salbei

Salvia officinalis

Familie: Lippenblütler (*Lamiaceae*)

Wuchs: 30 bis 50 cm, verholzender Halbstrauch

Standort: Sonne, trocken, Boden kalkhaltig und durchlässig

Tipps: Zu den mediterranen klimafitten Kräutern zählt auch Salbei, ein wunderbares Würz- und Heilkraut. Die Vielfalt bei Salbei ist groß, neben winterharten, sehr aromatischen Arten gibt es fruchtig-frische wie Ananas- oder Honigmelonensalbei (*Salvia elegans*), die aber viel Wasser benötigen und daher nicht zu den trockenheitstoleranten Kräutern zählen.

Thymian

Thymus vulgaris

Familie: Lippenblütler (*Lamiaceae*)

Wuchs: 10 bis 30 cm, polsterförmig, mehrjähriger Halbstrauch

Standort: Sonne, Boden sandig-durchlässig, trocken, karg, keine Staunässe

Tipps: Kurz vor der Blüte ist der Gehalt an ätherischen Ölen am stärksten. Der heimische Thymian (Quendel) ist weniger aromatisch. Empfehlenswert ist aromatischer Zitronenthymian: Der Zitronen-Sand-Thymian (*Thymus serpyllum* »Lemon Curd«) ist robuster und winterhärter als gewöhnlicher Zitronenthymian (*Thymus x citriodorus*).

Über die Autorin

Veronika Schubert ist Gartenexpertin mit Fachausbildung und als Gartenjournalistin, Medienfachfrau und Autorin tätig. Sie hält Vorträge und begleitet Gartenreisen. Im von ihr gegründeten Medienbüro verbindet sie ihre Leidenschaft für die Themen Garten und Natur mit ihrem Fachwissen. Der eigene Garten am Rande des Wienerwalds ist dabei stets Ausgleich und Praxiswerkstatt.

Beratend stand für dieses Werk neben dem Staudenexperten DI Jürgen Knickmann und dem Ökologen Mag. Joachim Brocks vor allem DI Thomas Roth mit seiner Expertise zur Verfügung. Er ist Leiter der Abteilung Gehölzkunde und Baumschulwesen an der Höheren Bundeslehr- und Forschungsanstalt für Gartenbau Schönbrunn. Aktuelles Forschungsthema sind neue Pflanzensortimente in Bezug auf die Klimaveränderung.

Impressum

Wir produzieren heute und denken an morgen. Deshalb achten wir auf CO_2-neutrale, energieeffiziente und ressourcenschonende Herstellung.

1. Auflage © 2022 Servus Verlag bei Benevento Publishing Salzburg — München eine Marke der Red Bull Media House GmbH, Wals bei Salzburg Alle Rechte vorbehalten, insbesondere das des öffentlichen Vortrags, der Übertragung durch Rundfunk und Fernsehen sowie der Übersetzung, auch einzelner Teile. Kein Teil des Werkes darf in irgendeiner Form (durch Fotografie, Mikrofilm oder andere Verfahren) ohne schriftliche Genehmigung des Verlages reproduziert oder unter Verwendung elektronischer Systeme verarbeitet, vervielfältigt oder verbreitet werden.

Gesetzt aus der Chapaza, der Freight Sans Pro und der Minion Pro.

Medieninhaber, Verleger und Herausgeber:Red Bull Media House GmbH, Oberst-Lepperdinger-Straße 11—15, 5071 Wals bei Salzburg, Österreich

Umschlag-, Innenteilgestaltung und Satz: Lisa Haunschmid

Illustration Cover: istock/ Giuseppe Ramos

Illustration Innenteil: istock/ Giuseppe Ramos, außer: S. 12: istock / robuart; S. 22/23, 66/67: istock / Nadezhda Ivanova; S. 31: istock / rudall30; S. 32, 48: istock / Tetiana Lazunova; S. 40: istock / Irina Medvedeva; S. 44: istock / Seahorse Vector; S. 52: istock / Taufik Ramadhan

Bilder Innenteil: S. 11: mauritius images / Garden World Images / Rowan Isaac; S. 15, 65, 87, 93, 103: Friedrich Strauss Gartenbildagentur / Strauss, Friedrich; S. 16: istock / fotolinchen; S. 19: mauritius images / Roman Kýbus / Alamy / Alamy Stock Photos; S. 27: istock / saraTM; S. 28: mauritius images / Pitopia / Edler von Rabenstein; S. 34: mauritius images / Cavan Images / Dreet Production; S. 37: Flora Press/Ute Klaphake; S. 38/1: mauritius images / Ronstik / Alamy; S. 38/2: Flora Press/Bodo Butz; S. 43: mauritius images / Christina Blum; S. 47: mauritius images / Andreas Berthold / Alamy; S. 50: mauritius images / Papava / Alamy; S. 54: istock / schulzie; S. 59: mauritius images / Pitopia / TeleMakro Fotografie; S. 60: mauritius images / Caia Image / Martin Barraud; S. 63: mauritius images / Deyan Georgiev / Alamy; S. 71, 73, 83: GAP Photos/Nova Photo Graphik; S. 75: mauritius images / GIORDANO MICHELE / Alamy; S. 77: GAP Photos/Visions; S. 79: mauritius images / Frederik / imageBROKER; S. 81: botanikfoto/ Steffen Hauser; S. 85: istock / Justin Smith; S. 89, 95: mauritius images / blickwinkel / Hans-Roland Müller; S. 91: GAP Photos/Frederic Didillon; S. 97: istock / beekeepx; S. 99: GAP Photos/Charles Hawes - Created by Anne Wareham and Charles Hawes; S. 101: mauritius images / AY Images / Alamy; S. 105: mauritius images / Rachel Husband / Alamy; S. 107: istock / letty17; S. 109: GAP Photos/Thomas Alamy; S. 110: Sophie Menegaldo

Printed by FINIDR in Czech Republic, ISBN 978-3-7104-0311-8